5 juin 1889

VENTE DU MERCREDI 5 JUIN 1889

HOTEL DROUOT, SALLE N° 8

A TROIS HEURES

Collection de feu Mme Paulinier

TABLEAUX MODERNES

ET ANCIENS

Œuvres importantes de

BRASCASSAT

EXPOSITION PUBLIQUE

LE MARDI 4 JUIN 1889

DE UNE HEURE 1/2 A CINQ HEURES 1/2

COMMISSAIRE-PRISEUR

Me PAUL CHEVALLIER

10, rue Grange-Batelière, 10

EXPERT

M. Eug. FÉRAL, peintre

54, Faubourg-Montmartre, 54

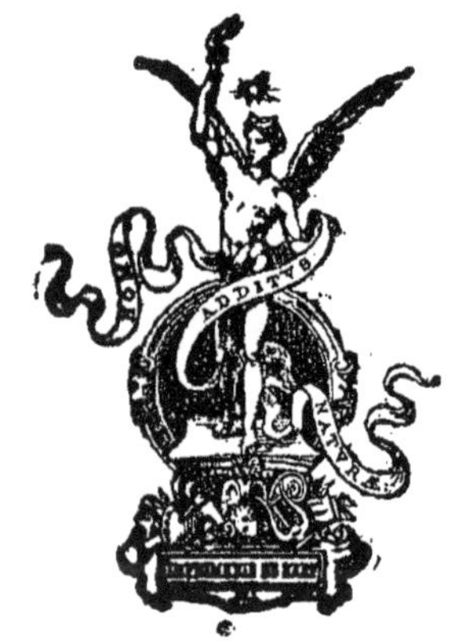
ADDITVS
NATVRÆ

COLLECTION DE FEU Mme Paulinier

TABLEAUX ET ÉTUDES

PAR

BRASCASSAT

Autres œuvres de

BÉRANGER, BORGET, CARESME, DE HEEM, ISABEY, J. OUVRIÉ
Mme PAULINIER, RICHARD
VAN SPAENDONCK, TILBORGH, WICKEMBERG, ETC., ETC.

DONT LA VENTE AURA LIEU

HOTEL DROUOT, SALLE N° 8

Le Mercredi 5 Juin 1889

A 3 HEURES

Par le Ministère de Me **PAUL CHEVALLIER**, commissaire-priseur
10, rue de la Grange-Batelière, 10

Assisté de **M. EUGÈNE FÉRAL**, peintre - expert
54, rue du Faubourg-Montmartre, 54

Chez lesquels se trouve le présent Catalogue

EXPOSITION PUBLIQUE

Le Mardi 4 Juin 1889, de 1 heure 1/2 à 5 heures 1/2

Les tableaux marqués d'un f ont été repris par la famille [illegible]

CONDITIONS DE LA VENTE

Elle sera faite *expressément* au comptant.

Les acquéreurs payeront en sus des enchères *cinq pour cent*, applicables aux frais de la vente.

Paris. — Imprimerie de l'Art. E. Ménard et Cie, 41, rue de la Victoire.

DÉSIGNATION

BÉRANGER

1 — *La Pauvre Mère.*

Elle est assise dans une mansarde, donnant le sein à son nouveau-né.

Signé à gauche.

Toile. Haut., 34 cent.; larg., 37 cent.

BÉRANGER

2 — *La Blanchisseuse.*

Debout devant un baquet où elle lave son linge. Un petit garçon, assis près d'elle, fait des bulles de savon.

Signé et daté 1840,

Toile. Haut., 34 cent.; larg., 39 cent.

BÉRANGER

3 — *La Lecture de la Bible.*

Signé et daté 1835.

Toile. Haut., 56 cent.; larg., 40 cent.

BORGET

(AUGUSTE)

4 — *Vue de Hollande.*

Au premier plan, un pont de bois traversant un cours d'eau.

Vers le fond, une riche habitation et des moulins.

Signé et daté 1854.

Toile. Haut., 22 cent.; larg., 32 cent.

BORGET

(AUGUSTE)

(PENDANT DU PRÉCÉDENT.)

5 — *Vue de Hollande.*

A droite, un canal. Une paysanne descend un pont de bois.

A gauche, un pâturage avec animaux.

Vers le fond, des moulins.

Toile. Haut., 22 cent.; larg., 32 cent.

BORGET

(AUGUSTE)

6 — *Entrée d'un palais, à Bénarès.*

Bois. Haut., 11 cent.; larg., 20 cent.

BORGET

(AUGUSTE)

7 — *Chinois au bord de la mer.*

Signé et daté 1856.

Bois. Haut., 12 cent.; larg., 18 cent.

BORGET

(AUGUSTE)

(DEUX PENDANTS.)

8 — *Intérieurs chinois.*

Signés et datés 1856.

Toiles. Haut., 15 cent.; larg., 20 cent.

BORGET

(AUGUSTE)

9 — *Marché chinois.*

Aquarelle.

Haut., 20 cent.; larg., 29 cent.

BOYS

(H.)

10 — *Ville située au bord d'un lac.*

Aquarelle signée et datée 1832.

Haut., 26 cent.; larg., 34 cent.

BRASCASSAT

(JACQUES-RAYMOND)

11 — *Gibier gardé par un chien.*

Un lièvre est suspendu à une branche d'arbre; une gibecière, des perdrix, un faisan et une bécasse se trouvent auprès.

A gauche, un chien flairant le gibier.

Un fusil et une poire à poudre, au premier plan.

Œuvre importante, signée et datée 1837.

Toile. Haut., 1 mètre; larg., 1 m. 30 cent.

BRASCASSAT

(JACQUES-RAYMOND)

12 — *Chèvre et Bélier.*

Ces animaux se reposent au premier plan.

Vers le fond, à droite, s'élève un grand rocher ; au centre, une grotte dans laquelle un berger fait rentrer son troupeau.

Toile. Haut., 80 cent.; larg., 1 mètre.

BRASCASSAT

(JACQUES-RAYMOND)

13 — *L'Abreuvoir.*

Un taureau, une vache et un chien se désaltèrent dans une auge de pierre placée au pied d'un monticule.

Au second plan, un berger assis, une chèvre et quelques moutons.

Signé et daté 1836.

Bois. Haut., 32 cent.; larg., 40 cent.

BRASCASSAT

(JACQUES-RAYMOND)

14 — *Pâturage.*

Au premier plan, à droite, un taureau, le corps de profil, la tête de face.

A gauche, deux moutons, une chèvre et son chevreau au repos.

Au second plan, un berger assis auprès de son chien.

Vers le fond, d'autres bestiaux ; à l'horizon, des montagnes.

Toile. Haut., 45 cent.; larg., 54 cent.

BRASCASSAT

(JACQUES-RAYMOND)

15 — *Taureau se frottant contre un arbre.*

L'animal, qui est noir taché de blanc, paraissant agacé, se frotte contre un chêne dont quelques branches sont coupées.

A droite, deux moutons ; l'un paissant, l'autre broutant les feuilles d'un arbrisseau.

Vers le fond, quelques animaux et un moulin à vent au-dessus d'un monticule.

Toile. Haut., 33 cent.; larg., 40 cent.

BRASCASSAT

(JACQUES-RAYMOND)

16 — *Environs de Rome.*

Des vaches se reposent au pied d'un groupe de grands arbres.

Au second plan, un berger monté sur un rocher sonne de la trompe.

Au premier plan, un tronc d'arbre renversé.

Signé et daté 1832 .

Toile. Haut., 80 cent.; larg., 1 mètre.

BRASCASSAT

(JACQUES-RAYMOND)

17 — *Environs de Fontainebleau.*

Dans un paysage coupé par des massifs de verdure, un sentier sinueux près duquel paissent des moutons sous la garde d'une bergère assise sur la gauche et jouant avec son chien.

Quatre moutons sont couchés au premier plan.

Signé et daté 1840.

Bois. Haut., 32 cent.; larg., 43 cent.

BRASCASSAT

(JACQUES-RAYMOND)

18 — *Le Château fort.*

Un cours d'eau, passant entre des rochers, occupe le premier plan. Deux bergers se reposent au pied de grands arbres, dont le feuillage se détache sur le ciel.

Vers le fond, à droite, un château avec tourelle s'élève au sommet d'une colline.

Signé et daté 1832.

Bois. Haut., 27 cent.; larg., 33 cent.

BRASCASSAT

(JACQUES-RAYMOND)

19 — *Paysage au soleil levant.*

Des chèvres sont au premier plan ; au centre, un sentier conduisant à un village dont on aperçoit le clocher.

Signé à droite.

Bois. Haut., 32 cent.; larg., 42 cent.

BRASCASSAT

(JACQUES-RAYMOND)

20 — *Vue de la campagne de Rome.* f 2000/1220

Vers le fond, les cascades de Tivoli. Un berger assis garde des chèvres qui broutent sur les rochers.

Bois. Haut., 40 cent.; larg., 50 cent.

BRASCASSAT

(JACQUES-RAYMOND)

21 — *Vue prise au bord du golfe de Naples.* f 800/620

Bois. Haut., 29 cent.; larg., 39 cent.

BRASCASSAT

(JACQUES-RAYMOND)

22 — *Chardon en fleurs auprès d'une branche brisée.* f 300/300

Belle étude, sur papier collé sur toile.

Haut., 40 cent.; larg., 27 cent.

BRASCASSAT

(JACQUES-RAYMOND)

23 — *Femme arabe à une fontaine.*

Étude signée et datée 1828.

Carton. Haut., 35 cent.; larg., 27 cent.

BRASCASSAT

(JACQUES-RAYMOND)

24 — *Femme assise.*

Étude signée et datée 1828.

Carton. Haut., 35 cent.; larg., 27 cent.

CARESME

(DEUX PENDANTS.)

25 — *Villageois dansant dans un intérieur.*

Villageois causant, assis autour d'une table.

Jolies gouaches.

Haut., 21 cent.; larg., 29 cent.

DUPLESSIS

(DEUX PENDANTS)

26 — *Soldats et cavaliers arrêtés devant une cantine.*

Bois. Haut., 15 cent.; larg., 20 cent.

FLEURY

(LÉON)

27 — *Maisons de villageois dans un paysage montueux.*

Signé.

Toile. Haut., 30 cent.; larg., 40 cent.

FLEURY

(LÉON)

28 — *Vue de Riom (Auvergne).*

Daté 1837.

Toile. Haut., 32 cent.; larg., 58 cent.

FRANCK

29 — *Le Mariage de la Vierge.*

Peinture sur cuivre.

Haut., 23 cent.; larg., 15 cent.

GRANET

(Attribué à)

30 — *Intérieur de souterrain où des mendiants font leur cuisine.*

Toile. Haut., 60 cent.; larg., 48 cent.

GUDIN

(THÉODORE)

31 — *Plage; effet de soleil couchant.*

Signé à droite.

Toile. Haut., 21 cent.; larg., 32 cent.

HEEM

(J. DAVID DE)

32 — *Fruits et objets divers sur une table en partie couverte d'un tapis vert.*

Des huîtres, des oranges, une branche de cerises dans un plat d'argent, auprès d'un verre à pied, des grappes de raisins blanc, un compotier contenant des fraises et des prunes. A l'angle de la table, un citron entamé et une écrevisse.

Toile. Haut., 57 cent.; larg., 68 cent.

ISABEY

(EUGÈNE)

33 — *Marine avec bateaux de pêche.*

Esquisse signée du monogramme.

Toile. Haut., 15 cent. ; larg., 20 cent.

OUVRIÉ

(JUSTIN)

34 — *Vue de Venise.*

Le Grand Canal et le palais des Doges.

Toile. Haut., 28 cent.; larg., 35 cent.

~~OUVRIÉ~~

~~(JUSTIN)~~

35 — *Vue prise au bas de Sèvres.*

Sur la gauche, on aperçoit les arbres du parc de Saint-Cloud.

Toile. Haut., 43 cent.; larg., 62 cent.

OUVRIÉ

(JUSTIN)

36 — *Place du poids de ville, à Clermont-Ferrand.*

Aquarelle signée et datée 1831.

Haut., 27 cent.; larg., 36 cent.

PAULINIER

(Mme)

37 — *La Vierge.*

Vue jusqu'à la ceinture, la tête de trois quarts tournée légèrement vers la droite ; les cheveux blonds nattés, un voile contournant les épaules, une main posée sur la poitrine.

Corsage rouge à broderies d'or et manches vertes.

Signé à gauche et daté 1834.

Peinture sur porcelaine.

Haut., 59 cent.; larg., 50 cent.

PAULINIER

(Mme)

38 — *Judith tenant la tête d'Holopherne, d'après Manfredi.*

Peinture sur porcelaine.

Haut., 56 cent.; larg., 44 cent.

RICHARD

39 — *Les Bords du golfe de Naples.*

Le soleil disparaît à l'horizon, en partie caché par des arbres.

A gauche, des rochers avec une grotte et des moines en promenade.

Toile. Haut., 23 cent.; larg., 31 cent.

RICHARD

40 — *Chemin traversant un bois.*

Effet de brouillard.

Signé et daté 1830.

Haut., 23 cent.; larg., 31 cent.

SPAENDONCK

(CAMILLE VAN)

41 — *Fleurs et fruits.*

Des roses, des hyacinthes, des tulipes, des oreilles d'ours dans un vase de marbre posé sur un socle avec bas-relief ; auprès, une coupe de cristal où se trouvent une grenade et des grappes de raisins.

Sur la gauche, des pavots de différentes couleurs dans un pot de terre rouge.

Toile. Haut., 64 cent.; larg., 54 cent.

TERBURG

(D'après G.)

42 — *Le Messager.*

Toile. Haut., 49 cent.; larg., 37 cent.

TILBORGH

(Attribué à)

43 — *Villageois réunis devant leur demeure.*

La grand'mère assise tient un petit garçon sur ses genoux ; le grand-père, également assis et en face, tient un broc et sa pipe ; l'aîné de ses fils est debout près de lui, regardant un paysan prendre de la bière à un tonneau. D'autres personnages sont groupés au second plan.

Toile. Haut., 64 cent.; larg., 80 cent.

ULRICH

(J.)

44 — *Les Bords d'un lac.*

Site d'Italie.
Signé à gauche et daté 1837.

VERNET

(Genre de J.)

45 — *Paysage montueux et accidenté.* 100/50

Au centre, une rivière traversée par un pont. Trois personnages sont au premier plan.

Toile. Haut., 53 cent.; larg., 63 cent.

WICKEMBERG

46 — *L'Hiver en Norvège.* 1000/3500

Un cours d'eau glacé où des enfants font glisser un traîneau chargé de bois mort; ils sont accompagnés de leurs chiens.

Daté 1845.

Toile.

WICKEMBERG

47 — *La Mère de famille.*

Elle est dans une mansarde, assise près d'une table et tenant un enfant emmaillotté. Une fillette mange sa soupe. Sur la droite, un lit d'enfant et un chat.

Signé à gauche.

Toile. Haut., 28 cent.; larg., 31 cent.

WICKEMBERG

(PENDANT DU PRÉCÉDENT.)

48 — *Le Grand-père.*

Il est assis, fumant sa pipe, un petit garçon entre ses jambes ; devant lui, un enfant dans un chariot et un chien couché.

Signé à droite.

Toile. Haut., 28 cent.; larg., 31 cent.

ÉCOLE FRANÇAISE

49 — *Vue de Paris prise au bord de la Seine, près Notre-Dame.*

Toile. Haut., 20 cent.; larg., 31 cent.

ÉCOLE HOLLANDAISE

50 — *Jeune Garçon lisant une lettre à sa grand'mère.*

Toile. Haut., 63 cent.; larg., 52 cent

---

51 — Boîte en écaille noire de forme allongée avec miniature de van Spaendonck sur plaque de cornaline. Intérieur en vermeil.

52 — Boîte en racine de buis avec fixé, genre de Swebach.

www.ingramcontent.com/pod-product-compliance
Ingram Content Group UK Ltd.
Pitfield, Milton Keynes, MK11 3LW, UK
UKHW020539180726
13839UKWH00006B/2605

9 782329 534367